Bob le Bricoleur™

Sauvons les hérissons !

HACHETTE Jeunesse

Bob, Scoup, Ben et Roulo se rendaient au travail. Ils devaient réparer le revêtement de la route près du champ de Fermier Potager.
« On y est presque ! » lança Scoup en passant devant Tristan et Potimarron. Potimarron leur fit signe en souriant, mais Tristan regardait fixement quelque chose par terre.
« Hé, Potimarron ! dit-il. Viens voir ce que j'ai trouvé.
– Je ne peux pas, répondit Potimarron. Je dois chasser les corbeaux.
– Mais je ne vois aucun corbeau, fit remarquer Tristan.
– Justement, c'est grâce à moi ! » ricana Potimarron.

« **S'il te plaît,** viens voir, supplia Tristan, en agitant la tête. Regarde ! Une famille de brosses à cheveux sur le dos ! »

Potimarron éclata de rire.

« Ne sois pas stupide ! dit-il. Ce ne sont pas des brosses à cheveux mais des hérissons !

– Je n'en ai jamais vu par ici, nota Tristan.

– C'est parce que, d'habitude, ils ne sortent que la nuit, lui dit Potimarron. Je pense que s'ils sont sortis, c'est qu'ils avaient faim. »

Le plus gros des hérissons passa à toute vitesse devant Tristan et Potimarron, puis il attendit que le restant de la famille le rejoigne.

« Les voilà qui démarrent, nota Potimarron.

– J'espère qu'ils savent traverser la route », s'inquiéta Tristan.

Au bord de la route, Ben reculait bruyamment.

« Un peu à gauche... un peu à droite ! cria Bob. Voilà, tu peux décharger. »

Dans un grand bruit, Ben versa alors un gros tas de gravillons sur la route.

« Beau travail !
lança Bob.
Maintenant, Scoup,
il faudrait que tu
étales ces gravillons
tout autour pour
refaire une route
neuve.
– Aucun problème,
Bob, répondit
joyeusement Scoup.
Tu peux compter
sur moi ! »

Scoup fit un gros effort pour disperser le tas de cailloux sur la route.

« Félicitations ! s'écria Bob.

– Pas de quoi ! répondit Scoup.

– Roulo, à toi de jouer ! poursuivit Bob. Fais-moi une belle surface toute plate ! »

Avec tout ce bruit, personne n'avait remarqué la famille de hérissons qui descendait de la colline en direction de la route.

« En avant ! gronda Roulo. À nous deux, les cailloux ! »

Crinch ! Les énormes rouleaux de Roulo concassaient les gravillons. **Crinch !** Et soudain, juste à temps… Bob aperçut les hérissons.

« Mon Dieu ! s'exclama-t-il. Roulo ! Fais attention !

– **Stop !** » brailla Scoup. Roulo finit par s'arrêter.

« Pourquoi est-ce que tout le monde me fait de grands signes ? demanda-t-il.

– Parce qu'il y a des *hérissons* sur la route ! expliqua Bob.

– Où ça ? cria Roulo.

– Là ! hurla Scoup. Juste devant ton nez ! »

Après que les hérissons eurent traversé la route, Bob vérifia que les machines pouvaient reprendre le travail sans danger.
« Tout va bien, Roulo ! » lança-t-il.
Et Roulo redémarra.
« J'ai l'impression qu'on va finir de bonne heure, aujourd'hui », dit Bob en regardant sa montre.

« À condition qu'on ne soit pas dérangés par d'autres hérissons ! » plaisanta Ben.
Il n'avait même pas encore fini de parler que la famille de hérissons revenait dans l'autre sens.
« Les hérissons ! cria Bob. Roulo, arrête-toi ! »
Mais Roulo n'entendait rien.
Complètement paniqué, Bob agita les bras de haut en bas.
Et Roulo roulait toujours !
« Viiiite ! » grinça Ben. Il se précipita et attrapa les hérissons juste avant le passage de Roulo.
« Ouf ! soupira Bob. Il était moins une ! »

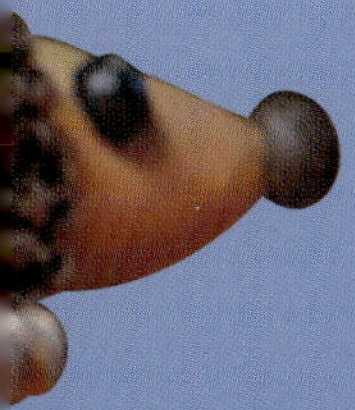

Roulo crut à un cauchemar quand il découvrit les hérissons blottis dans la pelle de Ben.
« D'où est-ce qu'ils sortent ? » demanda-t-il, stupéfait.
Bob se faisait du souci pour les hérissons.
« Après la réouverture de la route, dit-il avec inquiétude, ces hérissons seront en danger. Est-ce que quelqu'un a une idée ?
– Comment font les gens pour traverser une rue encombrée ? demanda Scoup, l'air absorbé.
– Ils grimpent sur un pont, répliqua Bob.
– Et s'ils ne grimpent pas, ils font quoi ? insista Scoup.
– Ils empruntent un souterrain ! s'écria Bob. Oh ! Scoup, tu viens d'avoir une excellente idée. Au travail ! »

« Mais que faire des hérissons ? haleta Ben. Ils ne peuvent pas rester là.
– Tu as raison, dit Bob. Amène-les dans la cour, pour l'instant. Et profites-en pour me rapporter quelques tuyaux.
– Entendu, Bob, promit Ben en redémarrant bruyamment.
– Je vais appeler Zoé avec mon téléphone portable pour la prévenir que tu arrives, ajouta Bob.
– Transport de hérissons, attention ! » cliqueta Ben, en s'éloignant.

Le calme régnait dans la cour. Sardine faisait la sieste au soleil. Coccigrue jouait aux anneaux avec des pneus et des cônes de signalisation routière.

« Oui ! » fit-il en cliquetant, après avoir lancé un pneu en l'air. Mais le pneu passa à côté du cône et se dirigea droit sur le mur.

« Oh, non ! » s'écria Coccigrue, voyant le pneu revenir en arrière et atterrir, **clong !** en plein sur Sardine.

« Raorrr ! miaula la chatte en colère.

– Désolé, Sardine ! » s'excusa Coccigrue.

Le téléphone du bureau sonna. Zoé décrocha.
« Bob le Bricoleur services, dit Zoé.
– Salut, Zoé, fit Bob. Je t'appelle juste pour te prévenir que Ben va arriver – avec quatre hérissons !
– Quatre hérissons ! s'exclama Zoé. Eh bien… d'accord ! »

Elle l'écoutait avec attention.

Ben roulait avec sa pelle bien levée, de manière que les hérissons puissent profiter de la vue tout autour.

« Et alors, Ben ! grinça Coccigrue en le voyant entrer dans la cour. Pourquoi reviens-tu si tôt ?
– Pour sauver ces hérissons », répondit Ben, baissant fièrement sa pelle.
En apercevant les hérissons, Coccigrue se mit à trembler de partout. « Aaah ! hurla-t-il, paniqué.
– Que se passe-t-il ? s'écria Zoé en se précipitant hors du bureau.
– Des souris avec des piquants ! gémit Coccigrue, trouvant refuge sous l'abri en tremblant. Qu'elles ne m'approchent pas !
– Espèce de gros idiot-bête ! rigola Zoé.
Ce sont des hérissons, pas des souris ! »

Sardine rampa vers un hérisson et miaula d'étonnement. Le hérisson se mit en boule de peur et piqua Sardine sur le bout du nez. « **Miaouuuu !** » s'égosilla Sardine en détalant. Zoé apporta un peu d'eau aux hérissons. Ils burent en sortant leur petite langue rose. « Oh ! soupira Tourneboule. Ne sont-ils pas mignons ?
– Euh, peut-être bien… hasarda Coccigrue.
– Je vais te donner ces tuyaux, dit ensuite Zoé à Ben. Bob m'a dit qu'il en avait besoin immédiatement. »

Sur le chantier, Bob était en train de décider où il allait creuser le souterrain pour les hérissons.

« Tu peux commencer à creuser là, au bout de mon mètre », dit-il à Scoup.

Scoup actionna ses pistons et commença à creuser juste au moment où Ben revenait avec les tuyaux. Ce dernier les déposa sur le côté de la route.

« Comment fera-t-on pour ramener les hérissons jusqu'ici ? » demanda Ben à Bob.

Bob lui fit un clin d'œil en souriant.

« J'ai parlé à Zoé, dit-il. Elle a une idée. »

« Il va falloir rentrer chez vous, mes petits amis, dit Zoé aux hérissons.

– Comment vont-ils retourner là-bas ? interrogea Coccigrue.

– Grâce à toi, lui répondit Zoé.

– **À moi !** » s'écria Coccigrue, interloqué.

Zoé prit alors prudemment les hérissons, les déposa dans un panier, et accrocha le panier au crochet de Coccigrue.

Coccigrue traversa toute la ville avec le panier. Il était si fier de rendre service à Zoé que sa crainte des hérissons ne tarda pas à s'envoler.

Au bord de la route, Coccigrue déposa soigneusement le panier d'où les hérissons sortirent l'un derrière l'autre.
« J'espère que les hérissons apprécieront nos efforts », déclara Scoup. Ils leur avaient construit un petit tunnel, rien que pour eux. À présent, ceux-ci pourraient traverser la route sans aucun danger.
« Vous pouvez y aller ! » les encouragea Scoup.
Après une brève hésitation, le plus gros des hérissons pénétra dans le tunnel, suivi par les trois autres.
« Bonne chance ! leur cria Bob, après qu'ils eurent tous disparu dans le noir.
– Soyez prudents, ajouta Ben.
– Ravi de vous avoir connus », murmura Coccigrue.

« C’est la première fois que je construis un souterrain réservé aux hérissons ! » déclara Bob.

FIN